EL PRINCIP

guepardos
BEBÉS

KATE RIGGS

CREATIVE EDUCATION · CREATIVE PAPERBACKS

TABLA DE

CONTENIDO

SOY UN CACHORRO DE GUEPARDO.

Soy un guepardo bebé.

oreja

ojo

nariz

¡Mira mis líneas de lágrima y mi pelaje manchado!

oreja

línea de lágrima

pelaje

cola

pata

Nací en un nido de hierba.

4 cachorros

Pesé alrededor de una libra (0.5 kg). Mi madre esconde a nuestra camada. Nos mantiene a salvo.

Nuestras garras **son filosas.**
Pronto nos saldrán los
dientes. Entonces podremos
comer carne.

Seguimos
a nuestra madre.
Ella nos enseña
a cazar.

Me tomará dos años volverme un buen cazador.

Mis hermanos y yo permanecemos juntos. Nuestro grupo se llama coalición.

¡Ahora soy un guepardo joven!

11

HABLA Y ESCUCHA

PUB

RRRRR!

¿Puedes hablar como un cachorro de guepardo? Los guepardos hacen chirridos y ronronean.

Escucha estos sonidos:

https://www.youtube.com/watch?v=wnXRyO84TH4

¡Ahora es tu turno!

PALABRAS BEBÉS

camada: el grupo de animales que nacen juntos al mismo tiempo

garras: uñas curvadas en las patas de los guepardos

líneas de lágrima: líneas de pelaje negro a los costados del hocico del guepardo

pelaje: el pelo que cubre a algunos animales

ÍNDICE

PUBLICADO POR CREATIVE EDUCATION Y CREATIVE PAPERBACKS
P.O. Box 227, Mankato, Minnesota 56002
Creative Education y Creative Paperbacks
son marcas editoriales de The Creative Company
www.thecreativecompany.us

DISEÑO Y PRODUCCIÓN
de Chelsey Luther & Joe Kahnke
Dirección de arte de Rita Marshall
Impreso en China
Traducción de TRAVOD, www.travod.com

FOTOGRAFÍAS de Alamy (Media Drum World), Dreamstime (Isselee), Getty Images (picture alliance), Minden Pictures (Suzi Eszterhas, Marion Volborn/BIA), National Geographic Creative (Frans Lanting), Shutterstock (Bohbeh, Eric Isselee, Mariska Vermij - van Dijk)

INFORMACIÓN DEL CATÁLOGO DE PUBLICACIONES
de la Biblioteca del Congreso is available under PCN 2019957397.
ISBN 978-1-64026-450-2 (library binding)
ISBN 978-1-62832-985-8 (pbk)

HC 9 8 7 6 5 4 3 2 1
PBK 9 8 7 6 5 4 3 2 1